Impressum
Verlag: BABADADA GmbH, Nedderfeld 112 , 22529 Hamburg
Geschäftsführer / Verlagsleitung: Harald Hof
Druck: Books on Demand GmbH, In de Tarpen 42, 22848 Norderstedt

Imprint
Publisher: BABADADA GmbH, Nedderfeld 112 , 22529 Hamburg, Germany
Managing Director / Publishing direction: Harald Hof
Print: Books on Demand GmbH, In de Tarpen 42, 22848 Norderstedt, Germany

la salle de classe
s Klassezimmer

diviser
dividiere

186/2

le tableau noir
d Taflä

la cour de récréation
dr Pauseplatz

l'enseignant
dr Lehrer

le papier
s Papier

écrire
schribe

le stylo
dr Stift

le bureau
dr Schribtisch

la règle
s Lineal

le livre
s Buech

l'élève
d Schüeler

le sac d'école
....
dr Thek

la trousse
....
s Etui

le crayon
....
dr Bleistift

le taille-crayon
....
dr Spitzer

la gomme
....
s Radiergummi

le carnet à dessin
....
dr Zeicheblock

le dessin

d Zeichnig

le pinceau

dr Pinsel

la boîte de peinture

dr Malchaschte

les ciseaux

d Schär

la colle

dr Liim

le cahier d'exercices

s Üebigsheft

les tâches

d Huusufgabe

le chiffre

d Zahl

2+2

additionner

addiere

soustraire

subtrahiere

multiplier

multipliziere

calculer

rächne

la lettre

dr Buechstabe

ABCDEFG
HIJKLMN
OPQRSTU
VWXYZ

l'alphabet

s Alphabet

le mot

s Wort

le texte

dr Text

lire

läse

la craie

d Kriide

la leçon

d Lektion

le livre de classe

s Klassäbuech

l'examen

d Prüefig

le certificat

s Zügnis

l'uniforme scolaire

d Schueluniform

la formation

d Usbildig

le lexique

d Enzyklopädie

l'université

d Universität

le microscope

s Mikroskop

la carte

d Charte

la corbeille à papier

dr Papierchorb

l'hôtel
s Hotel

l'auberge
d Härbärg

le bureau de change
d Wächselstube

la valise
dr Koffer

la voiture
s Auto

la langue

d Sprach

oui / non

jo / nei

d'accord

okay

Salut

Hallo

l'interprète

dr Dolmetscher

merci

Dankä

Combien coûte...?

Was chostet...?

Je ne comprends pas

Ich vrstahs nöd

le problème

s Problem

Bonsoir!

Guete Abig!

Bonjour!

guete Morgä!

Bonne nuit!

guete Abig!

Au revoir

Uf Wiederseh

la direction

d Richtig

les bagages

s Bagaasch

le sac

d Täsche

le sac-à-dos

dr Rucksack

l'hôte

dr Gast

la pièce

dr Ruum

le sac de couchage

dr Schlafsack

la tente

s Zält

l'office de tourisme

d Touristeninformation

la plage

dr Strand

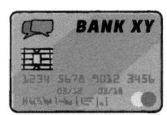

la carte de crédit

d Kreditkarte

le petit-déjeuner

s Zmorge

le déjeuner

s Zmittag

le dîner

s Znacht

le billet

s Billet

l'ascenseur

dr Ufzug

le timbre

d Briefmarke

la frontière

d Gränze

la douane

dr Zoll

l'ambassade

d Botschaft

le visa

s Visum

le passeport

dr Pass

l'avion
s Flugzüg

le navire
s Schiff

le véhicule de pompiers
s Füürwehr

le bus
dr Bus

le camion
dr Lastwage

e bateau à moteur
s Motorboot

la bicyclette
s Velo

la voiture
s Auto

le ferry

d Fähri

la barque

s Boot

la moto

s Töff

la voiture de police

s Polizeiauto

la voiture de course

s Rännauto

la voiture de location

dr Mietwage

l'autopartage

s Carsharing

la dépanneuse

dr Abschleppwage

la benne à ordures

dr Chübelwage

le moteur

dr Motor

l'essence

s Benzin

la station d'essence

d Tankstell

le panneau indicateur

s Verkehrsschild

le trafic

dr Verchehr

l'embouteillage

dr Stau

le parking

dr Parkplatz

la gare

dr Bahnhof

les rails

d Schiene

le train

dr Zug

le tram

d Strassebahn

le wagon

dr Wagon

l'hélicoptère
dr Helikopter

l'aéroport
dr Flughafe

la tour
dr Tower

le passager
dr Passagier

le container
dr Container

le carton
dr Karton

le chariot
dr Chare

la corbeille
dr Korb

décoller / atterrir
starte / lande

la ville
d Stadt

le village
s Dorf

le centre-ville
s Stadtzentrum

la maison
s Huus

le cinéma
s Kino

la publicité
d Werbig

le réverbère
d Latärne

la rue
d Strass

le taxi
s Taxi

le kiosque
dr Kiosk

le piéton
dr Fuessgänger

le trottoir
s Trottoir

le carrefour
d Chrüzig

le passage piéton
dr Zebrastreife

la poubelle
dr Chübel

les feux de circulation
d Amplä

la cabane
d Hütte

l'appartement
d Wohnig

la gare
dr Bahnhof

la mairie
s Gmeindshuus

le musée
s Museum

l'école
d Schuel

l'université
d Universität

la banque
d Bank

l'hôpital
s Spital

l'hôtel
s Hotel

la pharmacie
d Apotheke

le bureau
s Büro

la librairie
s Buechgschäft

le magasin
s Gschäft

le fleuriste
dr Bluemelade

le supermarché
dr Läbensmittellade

le marché
dr Märt

le grand magasin
s Chaufhuus

la poissonnerie
dr Fischhändler

le centre commercial
s Iihkaufszentrum

le port
dr Hafe

le parc
dr Park

la banque
d Bank

le pont
d Brugg

les escaliers
d Stäge

le métro
d U-Bahn

le tunnel
dr Tunnell

l'arrêt de bus
d Bushaltestell

le bar
d Bar

le restaurant
s Restaurant

la boîte à lettres
dr Briefchastä

le panneau indicateur
s Strasseschild

le parcomètre
d Parkuhr

le zoo
dr Zolli

le réverbère
d Badi

la mosquée
d Moschee

la ferme
dr Buurehof

la pollution
d Umwältvrschmutzig

le cimetière
dr Fridhof

l'église
d Chile

l'aire de jeux
dr Spielplatz

le temple
dr Tämpel

le paysage
d Landschaft

la feuille
s Blatt

le panneau indicateur
dr Wägwiiser

le chemin
dr Wäg

le pré
d Wise

la pierre
dr Stei

le randonneur
dr Wanderer

l'arbre
dr Baum

la rivière
dr Fluss

l'herbe
s Gras

la fleur
d Bluamä

la vallée
s Tal

la montagne
dr Bärg

le lac
dr See

la forêt
dr Wald

le désert
d Wüeschti

le volcan
dr Vulkan

le château
s Schloss

l'arc-en-ciel
dr Rägeboge

le champignon
dr Pilz

le palmier
d Palme

le moustique
dr Moskito

la mouche
d Fliege

les fourmis
d Ameise

l'abeille
s Biendli

l'araignée
d Spinne

le paysage - d Landschaft

le scarabée

dr Chäfer

la grenouille

dr Frosch

l'écureuil

s Eichhörnli

le hérisson

dr Igel

le lapin

dr Haas

la chouette

d Üle

l'oiseau

d Vogu

le cygne

dr Schwan

le sanglier

s Wildschwein

le cerf

dr Hirsch

l'élan

dr Elch

le barrage

dr Damm

l'éolienne

d Windturbine

le panneau solaire

dr Sunnekollektor

le climat

s Klima

le serveur
dr Chällner

le menu
d Spiischartä

la chaise
dr Stuehl

la soupe
d Suppä

la pizza
d Pizza

les services
s Bsteck

la nappe
d Tischdecki

les hors d'œuvre
d Vorspiies

le plat principal
s Hauptgricht

le dessert
s Dessert

les boissons
s Getränk

l'alimentation
d Läbensmittel

la bouteille
d Fläsche

le fast-food

s Fast Food

les plats à emporter

s Street Food

la théière

d Teechanne

le sucrier

d Zuckerdosä

la portion

d Portion

la machine à expresso

d Espressomaschine

la chaise haute

dr Hochstuehl

la facture

d Rächnig

le plateau

s Tablett

le couteau

s Mässer

la fourchette

d Gable

la cuillère

dr Löffel

la cuillère à thé

dr Teelöffel

la serviette

d Serviette

le verre

s Glas

l'assiette
dr Täller

l'assiette à soupe
dr Suppetällär

la soucoupe
d Untertasse

la sauce
d Sose

la salière
dr Salzstreuer

le moulin à poivre
d Pfäffermühli

le vinaigre
dr Essig

l'huile
s Öl

les épices
d Gwürz

le ketchup
ds Ketchup

la moutarde
dr Sänf

la mayonnaise
d Mayonnaise

l'offre promotionnelle
s Ahgebot

le client
dr Chund

les produits laitiers
d Milchprodukt

les fruits
d Frücht

le caddie
dr lichaufswage

la boucherie
dr Schlachter

la boulangerie
dr Beck

peser
wiege

les légumes
s Gmües

la viande
s Fleisch

les aliments surgelés
d Tiefkühlprodukt

la charcuterie

dr Ufschnitt

les conserves

d Konsärve

la poudre à lessive

s Wöschmittel

les bonbons

d Süessigkeite

les articles ménagers

d Huushaltartikel

les détergents

s Putzmittel

la vendeuse

d Verchäuferin

la caisse

d Kassä

le caissier

dr Kassierer

la liste d'achats

d Ihchaufsliste

les heures d'ouverture

d Öffnigszite

le portefeuille

s Portemonnaie

la carte de crédit

d Kreditkarte

le sac

d Täsche

le sac en plastique

dr Plastiksack

les boissons

s Getränk

l'eau

s Wasser

le jus de fruit

dr Saft

le lait

d Milch

le coca

d Cola

le vin

dr Wii

la bière

s Bier

l'alcool

dr Alkohol

le chocolat chaud

s Ovi

le thé

dr Tee

le café

dr Kafi

l'expresso

dr Espresso

le cappuccino

dr Cappuccino

la banane

d Banane

la pomme

dr Öpfel

l'orange

d Orange

le melon

d Melone

le citron

d Zitrone

la carotte

s Rüebli

l'ail

dr chnoobli

le bambou

dr Bambus

l'oignon

d Zwiblä

le champignon

dr Pilz

les noisettes

d Nüss

les pâtes

d Nudle

les spaghettis

d Spaghetti

le riz

dr Riis

la salade

dr Salat

les frites

d Pommfrit

les pommes de terre rôties

d Bratherdöpfel

la pizza

d Pizza

le hamburger

dr Hamburgär

le sandwich

s Sandwich

l'escalope

s Gotlett

le jambon

dr Schinkä

le salami

d Salami

la saucisse

s Würschtli

le poulet

s Huehn

le rôti

dr Bratä

le poisson

dr Fisch

les flocons d'avoine

d Haferflocke

le muesli

s Müesli

les cornflakes

d Cornflakes

la farine

s Mähl

le croissant

s Gipfeli

les petits-pains

s Brötli

le pain

s Brot

le pain grillé

dr Toscht

les biscuits

s Guetzli

le beurre

d Butter

le fromage blanc

dr Quark

le gâteau

dr Chueche

l'œuf

s Ei

l'œuf au plat

s Spiegelei

le fromage

dr Chäs

la glace

d Glace

le sucre

dr Zucker

le miel

dr Honig

la confiture

d Gonfi

la crème nougat

d Nougat-Creme

le curry

s Curry

la ferme
s Buurehuus

la botte de paille
dr Strohballä

la grange
d Schüür

le champ
s Fäld

le cheval
s Pferd

la remorque
dr Ahänger

le poulain
s Fohle

le tracteur
dr Traktor

l'âne
dr Esel

le mouton
s Schaaf

l'agneau
s Lamm

la chèvre

d Geiss

la vache

d Chueh

le veau

s Chalb

le porc

d Sau

le porcelet

s Ferkel

le taureau

s Rind

l'oie

d Gans

le canard

d Änte

le poussin

s Küke

la poule

s Huähn

le coq

dr Güggel

le rat

d Ratte

le chat

d Chatz

la souris

d Muus

le bœuf

dr Ochse

le chien

dr Hund

le chenil

d Hundehütte

le tuyau de jardin

dr Garteschluuch

l'arrosoir

d Giesschanne

la faucheuse

d Sägese

la charrue

dr Pflueg

la faucille
d Sichel

la pioche
d Hacke

la fourche
d Heugable

la hache
d Axt

la brouette
d Garette

la cuve
dr Trog

le pot à lait
d Milchchanne

le sac
dr Sack

la clôture
dr Haag

l'étable
dr Gadä

la serre
s Gwächshuus

le sol
dr Bode

les semences
dr Soome

l'engrais
dr Dünger

la moissonneuse-batteuse
dr Mähdrescher

récolter

ärnte

la récolte

d Ärnte

l'igname

d Yamswurzle

le blé

dr Weize

le soja

s Soja

la pomme de terre

dr Härdöpfel

le maïs

dr Mais

le colza

dr Raps

l'arbre fruitier

dr Obstbaum

le manioc

dr Maniok

les céréales

s Getreide

la cheminée
s Chämi

le toit
s Dach

la gouttière
d Rägerinne

la fenêtre
s Fänschter

le garage
d Garage

la sonnette
d Lüüti

la porte
d Tür

la poubelle
d Mülltonne

la boîte aux lettres
dr Briefchaschte

le jardin
dr Gartä

le salon
....
s Stubä

la chambre de bain
....
s Badzimmer

la cuisine
....
d Chuchi

la chambre à coucher
....
s Schlofzimmer

la chambre d'enfant
....
s Chinderzimmer

la salle à manger
....
s Ässzimmer

le sol

dr Bodä

le mur

d Wand

le plafond

d Decki

la cave

dr Chäller

le sauna

d Sauna

le balcon

dr Balkon

la terrasse

d Terasse

la piscine

s Pool

la tondeuse à gazon

dr Rasemäier

la fourre de duvet

dr Bettbezug

la couette

d Bettdecki

le lit

s Bett

le balai

dr Bäse

le sceau

dr Chübel

l'interrupteur

dr Schalter

le papier peint
d Tapete

l'image
s Bild

la lampe
d Lampä

l'étagère
s Regal

l'armoire
dr Schrank

la cheminée
dr Kamin

la télé
dr Färnseh

la fleur
d Bluamä

le coussin
s Chüssi

le canapé
s Sofa

le vase
d Vasä

la télécommande
d Färnbedienig

le tapis
dr Teppich

le rideau
dr Vorhang

la table
dr Tisch

la chaise
dr Stuehl

la chaise à bascule
dr Schaukelstuehl

le fauteuil
dr Sässel

le livre

s Buech

la couverture

d Decki

la décoration

d Dekoration

le bois de chauffage

s Füürholz

le film

dr Film

la chaîne hi-fi

d Stereoahlag

la clé

dr Schlüssel

le journal

d Ziitig

la peinture

s Bild

le poster

s Poster

la radio

s Radio

le bloc-notes

dr Notizblock

l'aspirateur

dr Staubsuuger

le cactus

dr Kaktus

la bougie

d Chärze

le four à micro-ondes
d Mikrowällä

le frigo
dr Chüelschrank

la balance de cuisine
d Chuchiwaag

le toasteur
dr Toaster

le détergent
s Wöschmittel

le four
dr Ofä

le compartiment congélateur
s Gfrierfach

la poubelle
d Mülltonne

le lave-vaisselle
dr Gschirrspüeler

le four

dr Härd

la casserole

dr Topf

la marmite

dr Iisetopf

le wok/kadai

dr Wok / Kadai

la poêle

d Pfanne

la bouilloire électrique

dr Wasserchocher

le cuiseur vapeur

dr Dampfer

la plaque de cuisson

s Bachbläch

la vaisselle

s Gschirr

le gobelet

dr Bächer

le bol

d Schale

les baguettes

d Stäbli

la louche

d Suppechellä

la spatule

dr Pfannewänder

le fouet

dr Schneebäse

la passoire

s Sieb

le tamis

s Sieb

la râpe

d Raffle

le mortier

dr Mörser

le barbecue

dr Grill

la cheminée

d Füürstell

la planche à découper

s Schniidbrätt

le rouleau à pâtisserie

s Nudelholz

le tire-bouchon

dr Korkäzieher

la boîte

d Dosä

l'ouvre-boîte

dr Dosäöffner

les maniques

dr Topflappä

le lavabo

s Wöschbecki

la brosse

d Bürste

l'éponge

dr Schwumm

le mixeur

dr Mixer

le congélateur

dr Gfrierschrank

le biberon

s Babyfläschli

le robinet

dr Hahnä

la chambre de bain
s Badzimmer

le chauffage
d Heizig

la douche
d Duschi

la serviette
s Handtuech

le rideau de douche
dr Duschvorhang

le bain moussant
s Schumbad

la baignoire
d Badwanne

le verre
s Glas

la machine à laver
d Wöschmaschine

le robinet
dr Hahnä

le carrelage
d Fliesä

le pot
s Töpfli

le lavabo
s Wöschbecki

les toilettes

d Toilette

la toilette à la turque

s Plumpsklo

le bidet

s Bidet

l'urinoir

s Pissoir

le papier toilette

ds Toilettepapier

la brosse à toilette

d Toilettebürschteli

la brosse à dents
d Zahbürstä

le dentifrice
d Zahpasta

le fil dentaire
d Zahnsiide

laver
wäsche

la douche manuelle
d Handduschi

la douche intime
d Intiimduschi

la vasque
s Wöschbecki

la brosse dorsale
d Ruggäbürste

le savon
d Seifä

le gel douche
s Duschgel

le shampooing
s Shampoo

le gant de toilette
dr Waschlappä

l'écoulement
dr Abfluss

la crème
d Creme

le déodorant
s Deo

le miroir

dr Spiegel

le miroir cosmétique

dr Handspiegel

le rasoir

dr Rasierer

la mousse à raser

dr Rasierschuum

l'après-rasage

s Aftershave

la peigne

dr Schträäl

la brosse

d Bürstä

le sèche-cheveux

dr Föhn

la laque pour cheveux

s Hoorspray

le fond de teint

s Makeup

le rouge à lèvres

dr Lippestift

le vernis à ongles

dr Nagellack

l'ouate

d Wattä

le coupe-ongles

d Nagelscher

le parfum

s Parfum

la trousse de toilette

s Necessaire

le tabouret

dr Schemel

la balance

d Waag

le peignoir

dr Badmantel

les gants de nettoyage

dr Gummihändscheh

le tampon

s Tampon

les serviettes hygiéniques

d Damebinde

la toilette chimique

d chemischi Toilette

la chambre d'enfant
s Chinderzimmer

le réveil
dr Wecker

le doudou
s Kuscheltier

la voiture jouet
s Spielzügauto

le hochet
d Rassle

la maison de poupée
s Puppehuus

le cadeau
s Gschänk

le ballon
dr Ballon

le lit
s Bett

la poussette
dr Chinderwage

le jeu de cartes
s Chartespiel

le puzzle
s Puzzle

la bande dessinée
dr Comic

les pièces lego

d Legos

les blocs de construction

d Baustei

la figurine

d Action Figur

la grenouillère

s Strampli

le frisbee

s Frisbee

le mobile

s Mobile

le jeu de société

s Brättspiel

le dé

dr Würfäl

le train miniature

d Modellisebahn

la sucette

dr Nuggi

la fête

d Party

le livre d'images

s Bilderbuch

la balle

dr Ball

la poupée

d Puppä

jouer

spiele

le bac à sable
....
dr Sandchaschte

la balançoire
....
d Gigampfi

les jouets
....
s Spielzüg

la console de jeu
....
d Videospielkonsole

le tricycle
....
s Dreirad

l'ours en peluche
....
dr Teddy

l'armoire
....
dr Chleiderschrank

les vêtements
d Chleidig

les chaussettes
....
d Sockä

les bas
....
d Strümpf

le collant
....
d Strumpfhosä

l'écharpe
dr Schal

le parapluie
dr Rägeschirm

le t-shirt
s T-Shirt

la ceinture
dr Gürtel

les bottes
dr Stiefel

les pantoufles
d Badschlappe

les baskets
d Turnschueh

les sandales
d Sandalä

les chaussures
d Schueh

les bottes de caoutchouc
d Gummistiefel

le linge de corps
d Untrhosä

le soutien-gorge
dr BH

le maillot de corps
s Underlibli

le body
dr Body

le pantalon
d Hosä

le jean
d Jeans

la jupe
dr Rock

le chemisier
d Bluse

la chemise
s Hömli

le pull
dr Pulli

le pull-over à capuche
dr Kapuzepulli

la veste
dr Blazer

la veste
d Jacke

le manteau
dr Mantel

l'imperméable
dr Rägämantel

le costume
s Chostüm

la robe
s Chleid

la robe de mariée
s Hochziitskleid

le costume

dr Ahzug

la chemise de nuit

s Nachthömli

le pyjama

s Pyjama

le sari

dr Sari

le foulard

s Chopftuäch

le turban

dr Turban

la burqa

d Burka

le caftan

dr Kaftan

l'abaya

d Abaya

le maillot de bain

s Badchleid

le costume de bain

d Badhose

les cuissettes

d churzi Hosä

la tenue d'entraînement

dr Trainer

le tablier

d Schürze

les gants

d Händsche

le bouton

dr Chnopf

les lunettes

d Brüllä

le bracelet

s Armband

le collier

d Chetti

la bague

dr Ring

la boucle d'oreille

dr Ohrering

le bonnet

d Chappe

le cintre

dr Chleiderbügel

le chapeau

dr Huet

la cravate

d Grawattä

la fermeture éclair

dr Riissverschluss

le casque

dr Helm

les bretelles

dr Hosäträger

l'uniforme scolaire

d Schueluniform

l'uniforme

d Uniform

le bavoir
s Lätzli

la sucette
dr Nuggi

la couche
d Windle

le bureau
s Büro

le serveur
dr Server

l'armoire d'archivage
dr Akteschrank

l'imprimante
dr Drucker

l'écran
dr Monitor

le papier
s Papier

le bureau
dr Schribtisch

la souris
d Muus

le classeur
dr Ordner

le clavier
d Taschtatur

la corbeille à papier
dr Papierchorb

la chaise
dr Stuehl

l'ordinateur
dr Computer

la tasse à café
dr Kafibächer

la calculatrice
dr Tascherächner

l'internet
s Internet

l'ordinateur portable

dr Laptop

la lettre

dr Brief

le message

d Nochricht

le portable

s Mobiltelefon

le réseau

s Netzwärk

la photocopieuse

dr Kopierer

le logiciel

d Software

le téléphone

s Telefon

la prise

d Steckdosä

le fax

s Fax

le formulaire

s Formular

le document

s Dokumänt

acheter

chaufe

payer

zahle

marchander

handle

la monnaie

s Gäld

le dollar

dr Dollar

l'euro

dr Euro

le yen

dr Yen

le rouble

dr Rubel

le franc suisse

dr Frankä

le renminbi yuan

dr Renminbi Yuan

la roupie

d Rupie

le distributeur automatique

dr Gäldautomat

le bureau de change

d Wächselstube

l'or

s Gold

l'argent

s Silber

le pétrole

s Öl

l'énergie

d Energie

le prix

dr Preis

le contrat

dr Vertrag

la taxe

d Stüür

l'action

d Aktie

travailler

schaffe

l'employé

dr Mitarbeiter

l'employeur

dr Arbeitgeber

l'usine

d Fabrik

le magasin

s Gschäft

l'économie - d Wirtschaft

l'agent de police
dr Polizischt

le pompier
dr Füürwehrmaa

le cuisinier
dr Choch

le médecin
dr Arzt

le pilote
dr Pilot

le jardinier
dr Gärtner

le menuisier
dr Zimmermah

la couturière
d Näheri

le juge
dr Richter

le chimiste
dr Chemiker

l'acteur
dr Darsteller

le conducteur de bus

dr Busfahrer

le chauffeur de taxi

dr Taxifahrer

le pêcheur

dr Fischer

la femme de ménage

d Putzfrau

le couvreur

dr Dachdecker

le serveur

dr Chällner

le chasseur

dr Jäger

le peintre

dr Moler

le boulanger

dr Bäcker

l'électricien

dr Elektriker

l'ouvrier

dr Bauarbeiter

l'ingénieur

dr Ingenieur

le boucher

dr Schlachter

le plombier

dr Klämpner

le facteur

dr Pöschtler

le soldat

dr Soldat

l'architecte

dr Architekt

le caissier

dr Kassierer

le fleuriste

dr Florischt

le coiffeur

dr Frisör

le contrôleur

dr Kontrolleur

le mécanicien

dr Mechaniker

le capitaine

dr Kapitän

le dentiste

dr Zahnarzt

le scientifique

dr Wüsseschaftler

le rabbin

dr Rabbi

l'imam

dr Imam

le moine

dr Mönch

le prêtre

dr Pfarrer

le marteau
dr Hammer

les pinces
d Zangä

le tournevis
dr Schruubedreier

la clé
dr Schrubeschlüssel

la torche
d Taschelampä

la pelleteuse
dr Bagger

la boîte à outils
dr Werkzüügchaschte

l'échelle
d Leitere

la scie
d Sagi

les clous
d Negel

la perceuse
dr Bohrer

réparer
flicke

la pelle
d Schufle

Mince!
Mischt!

la pelle
d Ascheschufle

le pot de peinture
dr Farbchübel

les vis
d Schruube

les instruments de musique
d Musiginstrumänt

le haut-parleur
dr Luutsprächer

la batterie
s Schlagzüüg

la guitare
d Gitarre

la contrebasse
dr Kontrabass

la trompette
d Trompetä

le piano

s Klavier

le violon

d Violine

la basse

dr Bass

les timbales

d Pauke

le tambour

d Trummle

le piano électrique

s Keyboard

le saxophone

s Saxophon

la flûte

d Flöte

le microphone

s Mikrofon

l'entrée
dr Iigang

le tigre
dr Tiger

la cage
dr Chäfig

le zèbre
s Zebra

l'alimentation animale
s Tierfueter

le panda
dr Pandabär

les animaux

d Tier

l'éléphant

dr Elefant

le kangourou

s Känguru

le rhinocéros

s Nashorn

le gorille

dr Gorilla

l'ours

dr Bär

le chameau

s Kamel

l'autruche

dr Struss

le lion

dr Leu

le singe

dr Aff

le flamand rose

dr Flamingo

le perroquet

dr Papagei

l'ours polaire

dr Iisbär

le pingouin

dr Pinguin

le requin

dr Hai

le paon

dr Pfau

le serpent

d Schlangä

le crocodile

s Krokodil

le gardien de zoo

dr Zoowärter

le phoque

d Robbä

le jaguar

dr Jaguar

le poney

s Pony

le léopard

dr Leopard

l'hippopotame

s Nilpfärd

la girafe

d Giraff

l'aigle

dr Adler

le sanglier

s Wildschwein

le poisson

dr Fisch

la tortue

d Schildkrot

le morse

s Walross

le renard

dr Fuchs

la gazelle

d Gazelle

l'american Football
s American Football

le cyclisme
s Velofahre

le tennis
s Tennis

le basket-ball
dr Basketball

la natation
s Schwümmä

la boxe
s Boxä

le hockey sur glace
s Iishockey

le football

dr Fuessball

le badminton

s Badminton

l'athlétisme

d Liechtathletik

le handball

dr Handball

le ski

s Skifahre

le polo

s Polo

rire
lachä

sauter
springä

embrasser
umarme

marcher
gah

chanter
singe

rêver
troime

prier
bätte

faire la bise
küssä

écrire
schribe

dessiner
zeichne

montrer
zeige

pousser
schiebe

donner
gäh

prendre
näh

avoir

händ

faire

mache

être

sy

être debout

stah

courir

laufe

trier

zieh

jeter

rüerä

tomber

fallä

être couché

ligge

attendre

warte

porter

träge

être assis

sitze

s'habiller

ahzieh

dormir

schlafe

se réveiller

ufwache

regarder
ahluege

pleurer
brüele

caresser
striichle

peigner
bürste

parler
redä

comprendre
verschtah

demander
froog

écouter
lose

boire
trinke

manger
ässe

ranger
ufruume

aimer
liebe

cuire
chochä

conduire
fahre

voler
flüge

faire de la voile

segle

calculer

rächne

lire

läse

apprendre

leerä

travailler

schaffe

se marier

hürate

coudre

näije

se brosser les dents

Zäh putze

tuer

töte

fumer

schlootä

envoyer

sände

grand-mère
Grossmuetter

le grand-père
dr Grossvater

le père
dr Vatter

la mère
d Muetter

le bébé
s Baby

la fille
d Tochter

le fils
dr Sohn

l'hôte

dr Gast

la tante

d Tante

l'oncle

dr Unkel

le frère

dr Brüeder

la sœur

d Schwöschter

le front
d Stirn

l'œil
ds Aug

l'épaule
d Schultere

le doigt
dr Fingär

le visage
s Gsicht

le menton
s Chüni

la main
d Hand

la poitrine
d Bruscht

la jambe
s Bei

le bras
dr Arm

le bébé

s Baby

l'homme

dr Mah

la femme

d Frau

la fille

s Meitli

le garçon

dr Bueb

la tête

dr Chopf

le dos
dr Ruggä

le ventre
dr Buuch

le nombril
dr Buchnabel

l'orteil
dr Zäche

le talon
d Fersä

l'os
d Knoche

la hanche
d Hüfte

le genou
s Chnü

le coude
dr Ellbogä

le nez
d Nase

les fesses
s Füdli

la peau
d Hut

la joue
d Bagge

l'oreille
s Ohr

la lèvre
d Lippe

la bouche

s Muul

la dent

dr Zah

la langue

d Zungä

le cerveau

s Hirni

le cœur

s Härz

le muscle

dr Muskel

les poumons

d Lungä

le foie

d Läberä

l'estomac

dr Magen

les reins

d Nierä

le rapport sexuel

dr Gschlächtsvrkehr

le préservatif

s Kondom

l'ovule

d Eizälle

le sperme

dr Soome

la grossesse

d Schwangerschaft

la menstruation
d Menstruation

le vagin
d Vagina

le pénis
dr Penis

le sourcil
d Augebrauä

les cheveux
s Haar

le cou
dr Hals

l'hôpital
s Spital

l'ambulance
dr Chrankewage

le fauteuil roulant
dr Rollstuehl

la fracture
dr Bruch

le médecin
dr Arzt

le service des urgences
d Notufnahm

l'infirmière
d Chrankeschwöschter

l'urgence
dr Notfall

inconscient
ohnmächtig

la douleur
dr Schmärz

la blessure

d Verletzig

l'hémorragie

d Bluätig

la crise cardiaque

dr Härzinfarkt

l'attaque cérébrale

dr Schlagahfall

l'allergie

d Allergie

la toux

dr Hueschtä

la fièvre

s Fieber

la grippe

d Grippe

la diarrhée

dr Durchfall

le mal de tête

d Kopfschmärze

le cancer

dr Kräbs

le diabète

dr Diabetes

le chirurgien

dr Chirurg

le scalpel

s Skalpell

l'opération

d Operation

le CT

s CT

la radiographie

s Röntgä

l'échographie

s Ultraschall

le masque

d Gsichtsmaske

la maladie

d Krankhet

la salle d'attente

s Wartezimmer

la béquille

d Krückä

le pansement

s Pflaster

le pansement

dr Vrband

l'injection

d Injektion

le stéthoscope

s Stethoskop

le brancard

d Trage

le thermomètre

s Thermometer

l'accouchement

d Geburt

le surpoids

s Übergwicht

l'appareil auditif

s Hörgrät

le désinfectant

s Desinfektionsmittel

l'infection

d Infektion

le virus

s Virus

le VIH / le sida

s HIV / AIDS

le médicament

d Medizin

la vaccination

d Impfig

les tablettes

d Tablette

la pilule

d Pille

l'appel d'urgence

dr Notruef

le tensiomètre

s Bluetdruck-Mässgrät

malade / sain

chrank / gsund

Au secours!

Hiufe!

l'alarme

dr Alarm

l'agression

dr Überfall

l'attaque

dr Ahgriff

le danger

d Gfohr

la sortie de secours

dr Notuusgang

Au feu!

Füür!

l'extincteur

dr Füürlöscher

l'accident

dr Unfall

la trousse de premier secours

dr Ersti-Hilf-Koffer

SOS

SOS

la police

d Polizei

l'Europe

s Europa

l'Amérique du Nord

s Nordamerika

l'Amérique du Sud

s Südamerika

l'Afrique

s Afrika

l'Asie

s Asie

l'Australie

s Auschtralie

l'Océan atlantique

dr Atlantik

l'Océan pacifique

dr Pazifik

l'Océan indien

dr Indische Ozean

l'Océan antarctique

dr Antarktische Ozean

l'Océan arctique

dr Arktische Ozean

le Pôle nord

dr Nordpol

le Pôle sud

dr Südpol

l'Antarctique

d Antarktis

la terre

d Ärde

le pays

s Land

la mer

s Meer

l'île

d Inslä

la nation

d Nation

l'état

dr Staat

le cadran

s Ziffereblatt

l'aiguille des heures

dr Stundezeiger

l'aiguille des minutes

dr Minutezeiger

l'aiguille des secondes

dr Sekundezeiger

Quelle heure est-il?

Wie spaht isch es?

le jour

dr Tag

le temps

d Zit

maintenant

jetzt

la montre digitale

d Digitaluhr

la minute

d Minute

l'heure

d Stunde

la semaine

d Wuche

lundi
dr Mäntig

mardi
dr Zischtig

mercredi
dr Mittwuch

jeudi
dr Dunnstig

vendredi
dr Friitig

samedi
dr Samschtig

dimanche
dr Sunntig

hier

geschter

aujourd'hui

hüt

demain

morn

le matin

dr Morgä

le midi

dr Mittag

le soir

dr Aabig

les jours ouvrables

d Wärktag

le week-end

s Wuchenänd

la pluie
dr Räge

l'arc-en-ciel
dr Rägeboge

la neige
dr Schnee

le vent
dr Wind

le printemps
dr Früelig

l'automne
dr Herbscht

l'été
dr Summer

l'hiver
dr Winter

4.APRIL	11°	☀
5.APRIL	4°	☔
6.APRIL	13°	⛈
7.APRIL	8°	❄
8.APRIL	10°	☀

la météo
....
d Wättervorhärsag

le thermomètre
....
s Thermometer

la lumière du soleil
....
dr Sunneschiin

le nuage
....
d Wolkä

le brouillard
....
d Näbel

l'humidité
....
d Fiechtigkeit

la foudre

dr Blitz

le tonnerre

dr Dunner

la tempête

dr Sturm

la grêle

d Hagel

la mousson

dr Monsun

l'inondation

d Fluet

la glace

s Iis

janvier

dr Januar

février

dr Februar

mars

dr März

avril

dr April

mai

dr Mai

juin

dr Juni

juillet

dr Juli

août

dr Auguscht

septembre

dr Septämber

octobre

dr Oktober

novembre

dr Novämber

décembre

dr Dezämber

les formes
d Forme

le cercle

dr Kreis

le carré

s Quadrat

le rectangle

s Rächteck

le triangle

s Dreieck

la sphère

d Chugele

le cube

dr Würfel

blanc

wiss

jaune

gäl

orange

orange

rose

pink

rouge

rot

violet

liila

bleu

blau

vert

grüen

marron

bruun

gris

grau

noir

schwarz

beaucoup / peu
viel / wenig

fâché / calme
hässig / ruhig

joli / laid
hübsch / hässlich

le début / la fin
dr Ahfang / s Ändi

grand / petit
gross / chli

clair / obscure
hell / dunkel

le frère / la sœur
dr Brüeder / d Schwöschter

propre / sale
suuber / dräckig

complet / incomplet
vollständig / unvollständig

le jour / la nuit
dr Tag / d Nacht

mort / vivant
tot / läbig

large / étroit
breit / schmal

comestible / incomestible

ässbar / nid ässbar

méchant / gentil

bös / fründlich

excité / ennuyé

uffreggt / glangwilt

gros / mince

dick / dünn

le premier / le dernier

zerscht / zletscht

l'ami / l'ennemi

dr Fründ / dr Find

plein / vide

voll / läär

dur / souple

hart / weich

lourd / léger

schwer / liecht

faim / soif

dr Hunger / dr Durscht

malade / sain

chrank / gsund

illégal / légal

illegal / legal

intelligent / stupide

intelligänt / gatz

gauche / droite

links / rächts

proche / loin

nöch / wiit weg

nouveau / usé

neu / bruucht

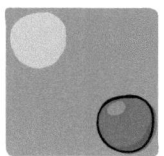

rien / quelque chose

nüt / öpis

vieux / jeune

alt / jung

marche / arrêt

ah / uss

ouvert / fermé

offe / zue

faible / fort

lislig / luut

riche / pauvre

riich / arm

correct / incorrect

richtig / falsch

rugueux / lisse

rau / glatt

triste / heureux

truurig / glücklich

court / long

churz / lang

lent / rapide

langsam / schnäll

mouillé / sec

nass / trochä

chaud / froid

warm / chalt

la guerre / la paix

dr Chrieg / dr Friede

les oppositions - d Gägeteil

0

zéro

Null

1

un

eis

2

deux

zwei

3

trois

drü

4

quatre

vier

5

cinq

foif

6

six

sächs

7

sept

sibe

8

huit

acht

9

neuf

nün

10

dix

zäh

11

onze

elf

12

douze

zwölf

13

treize

drizäh

14

quatorze

vierzäh

15

quinze

füfzäh

16

seize

sächzäh

17

dix-sept

siebzäh

18

dix-huit

achtzäh

19

dix-neuf

nünzäh

20

vingt

zwänzg

100

cent

Hundert

1.000

mille

Tuusig

1.000.000

le million

Million

les langues
d Sprache

l'anglais

Änglisch

l'anglais américain

Amerikanischs Änglisch

le chinois mandarin

Chinesisch Mandarin

le hindi

Hindi

l'espagnol

Spanisch

le français

Französisch

l'arabe

Arabisch

le russe

Russisch

le portugais

Portugiesisch

le bengali

Bengalisch

l'allemand

Dütsch

le japonais

Japanisch

je
ich

tu
du

il / elle
är / sie / es

nous
mir

vous
ihr

ils / elles
sie

qui?
wär?

quoi?
was?

comment?
wie?

où?
wo?

quand?
wänn?

le nom
Name

derrière
....
hinder

dans
....
in

devant
....
vor

au-dessus
....
über

sur
....
uf

en-dessous
....
under

à côté de
....
näbe

entre
....
zwüsche

le lieu
....
dr Ort